Frammenti di poesia quantistica

Stefano Cappelletti
Frammenti di poesia quantistica

Mas que nunca
masvolpi@gmail.com

I edizione: marzo 2012
ISBN 978-1-4716-4292-0

Progetto grafico: Massimo Volpi
Foto di copertina: Jaime Gil y Gil

Dello stesso autore:

Poesie:
- *La karpa allucinogena (Libro Italiano World 2003)*
- *Torneo di clausura (Montedit 2004)*
- *Dentro il sacco viola (Montedit 2005)*
- *Le labbra della lampreda (Montedit 2008)*
- *Sono stato allo space ma non mi sono divertito (Mas Que Nunca 2009)*
- *Quando credevo di chiamarmi Eustachio (Mas Que Nunca 2010)*
- *Il gusto del mi minore (Mas Que Nunca 2010)*
- *Sosta nell'annoieri (Mas Que Nunca 2011)*

Racconti
- *Nelle ombre, altrove (Mas Que Nunca 2008)*

Stefano Cappelletti

Frammenti di poesia quantistica

Stronzo, lo sai che i disperati non vincono...

CIRCO MASSIMO

Giochiamo come
Funamboli sui tralicci
Dell'alta tensione
Dondolandoci come trapezisti
Sui cavi ad
Alto voltaggio
Con trampoli d'oro e rame.
Giochiamo con le ossessioni
Le inquietudini, le paure,
Il disagio
Senza nessuna rete protettiva,
Senza nessuna possibilità d'espiazione.
A volte,
Come guardando cavalli bianchi
Impiccati
Pendere dal Tower Bridge di Londra,
Ci chiediamo
In che modo, e se
Immatricolare
Ciò che stiamo vivendo
Come un immortale sogno burlesco
O il canovaccio di
Un destino implicitamente segnato.

COME SCRIVERE LA MATERIA OSCURA

Per i miei nemici vicini
E lontani, sprezzanti
Involucri di amici indaffarati
Sarò plettro d'ossidiana,
Un poeta di schiavi
Benedetto dal sudore,
Di una borgata che stride
Combattendo come Braccio da Montone
O muore trafitta e soffocata
Col boccone nella pancia
e il respiro schiacciato nella gola
Come Vitellozzo Vitelli
e suo fratello.
Opererò
Nelle fattezze di
Un grottesco Dr. Frankenstein
Con le maschere arrossate e
Asservanti del Dr. Ward;
Appiccherò la polvere fra le pagine
dei libri invenduti o
non ancora bruciati;
Ignorerò le monete inzaccherate
nelle grate;
Mi nutrirò di fame e debiti,
venderò figli, sorrisi e mani
per un altro buco nella cinta;
Defalcherò i vostri sogni dal nulla
e narrerò di ciò che ne rimane;
Diverrò più grigio zampettando squittendo;
Ringrazierò per l'aria oleosa e le lacrime acide;
Saluterò col muschio in faccia e le
unghie sporche il vorticare di un DVD 128X;
darò il mio renio per altra materia oscura.
Mi crederete triste, svitato, offuscato nel mio remigare.
Miei cari,
Oppure
Voi mi crederete come l'ombra crede al Sole.

8

RADICI

L'altra sera
Alla BBC
Hanno fatto un documentario che parlava
Di astronomia e astrofisica.
Tra le altre cose
Hanno fatto vedere
Una simulazione col computer
Dove, fra 50 miliardi di anni,
la galassia di Andromeda
ci fagociterà in modo brutale.
La dolce principessa
Sbranerà la Via Lattea
Come un cerbero idrofobo.
La piccola puttanella...
Mi è subito cresciuta una rabbia
Ma un'ira, veh! Da scuotermi dentro.
Mi sarei sparato nel cosmo
Avrei rubato la spada ad Orione
Per combattere ed allontanare Andromeda.
E poco importa se tra 50 miliardi di anni
Quel che rimane di me
Sarà forse meno di un leptone
O se nascerà una galassia più lucente e forte.
Mi sarei immolato immediatamente.
La rabbia è diventata rassegnazione e
La rassegnazione, impotente resa, amarezza.
Ognuno può denigrare, sputare, allontanarsi, fuggire,
Le proprie origini.
Verrà il tempo in cui
Il sogno più bello ed accattivante
Sarà quello di lottare, vivere
E ritornare
Alla propria radice.
Nel frattempo mi stappo un'altra birra.

VESCICA

La progressione di immagini
Spinte su
Un colbacco
Di volpe bruna
È empiricamente
Cagionevole
Per l'affabilità
Di una volta tersa.
Abulicamente
Oggi è già
Domani
Ed ogni disarmonia
Viene catalogata
Con la morte a sfera
Su encicliche di pergamena
...con dovizia accademica...
Con fughe baritonali,
Patetiche esternazioni,
Fallimentari passi
Che si calpestano
vicendevolmente
Nella cacofonia
Di un'ouverture
Di paranoie alienanti
E nichiliste.
La vescica ha trasudato
Il suo liquido malsano
E ancora s'imperla
Prima di asciugare
E divenire
Un lapislazzulo di
Un passato
Terribilmente solo.

DAL NOSTRO UOMO A TANGERI

Un'imbarcazione da diporto
Ha appena attraccato
A Tangeri,
La perla delle Colonne D'Ercole.
È una vecchia carretta dei mari
Battente bandiera Saint Vincent & Grenadine.
Ha baccagliato come mini cargo
In una miriade di traffici
Sin dal 1959 fra i mari di mezzo mondo,
Soprattutto dal Mar Baltico ai mari puttana
Dell'Indocina.
Grammofoni di ruggine solfeggiano zampettando
il suo quanto mai prossimo canto del cigno.
Dalla passerella ecco scendere per primo
Jimmy Cotone, caffettano e jeans, col
Suo carico di scorbuto e *beri beri…*
Una cricca di mosche s'avventa
Bisbigliando sulla sua patta bisunta.
Flashback:
Jimmy Cotone tortura un virgulto mozzo
Nelle parti intime usando un torcinaso
Da cavallo
Per accaparrarsi l'ultimo pugno
Di albicocche bacate.
Lo segue Jean Canotta col suo muso ruvido
scartavetro, gli occhi oleosi e la sua cirrosi epatica.
Flashback:
Jean Canotta in versione Paracelso s'affanna
Dietro alambicchi sottratti al contrabbando
Cercando di distillare alcol dalla nafta carburante.
Per ultimo fa capolino il Languido Jimenez
Sfatto di setticemia, *mycoplasma hominis,*
batteri aerobi, miceti…
Si è masturbato abusando di ogni pertugio
del cargo, racimolando uno zoo di batteri
ed infezioni.
Flashback:
Il Languido Jimenez ulula roco "SONO IL RE DI BASTONI!"
mentre struscia il suo tarello smerigliato
in un boccaporto incrostato di salsedine e croppa.

J.J. Bellimbusto è invece rimasto
In cambusa
A contare i suoi capelli bianchi,
A vomitare le sue vite mai vissute,
A sculacciare il gatto di marmo.
Tangeri li aspettava tutti
Come una grassa madre,
con la sua promiscuità di stranieri abbienti,
di ragazzini berberi accondiscendenti,
di bettole piastrellate a lusso,
di contrabbandieri isolani,
spie stucchevoli,
mignotte biodegradabili.
Tangeri li aspettava tutti
Per farsi mangiare.
Tangeri li aspettava tutti
Per farsi bere.
Tangeri li aspettava tutti
Per farsi sparecchiare.
Tangeri li aspettava tutti
Per farsi pettinare.
Tangeri li aspettava tutti
Per farsi odiare.
Tangeri li aspettava tutti
Per pagare il conto.

INTERFERENZE

Formiche leone esondano
Dalle caldere
Di vulcani spenti.
P.S.:
I colori bruni di moda quest'inverno
Ne conferiscono
Un aspetto decoroso.
Il vibrare delle loro antenne
Dà vita a raddoppi fonetici,
dittonghi, dieresi.
Esempio:
der wagen verliert öl,
Sakura fiori di ci-lie-gio,
posate di alpacca Ionica,
succhiami il Doraemon,
magnetofoni per ma-ia-li,
pisside per piume di chiurlo,
che creano
interferenze
nelle reti globali
di telecomunicazione,
dando adito a promiscue illazioni,
creando panico
dispepsia, alopecia
confusione
emorroidi
consunzione
suppurazione
zoofilia
rigurgiti riottosi
tigna
putizza
infibulazione, ingann...bzzz bzzzzbzzbzzbzbzcrcrcrcbzzbzrcrcbzcr
rrczrrczrvccbbzbbbbzzzzzbzzcrrrcccrcrbbzzzbbzczrccczbzbzrcczbzbz
bzzzzcrrrrrcrcccrrccrcrccrcbbzzzzbrrrrbzzzcbrrbrzzzbbcrrccccrrrrbb
zzzbzzcrrrcrrcrbbbzzzzcrrrbrcccbzzzbrrcrccrcccbzzzbzzzbzzzzzzzzzzbz
zzzzzbzzzz.

FACCIA D'ANANAS

Sogno di essere nella faccia
Di Manuel Antonio Noriega:
Ahi Manuelitoooooo !!!
El General,
El cara de piña;
Camminare nei suoi solchi,
valli lunari,
crateri di carne,
bombe di vaiolo.
Sudare dopo ogni anfratto,
dopo ogni salita.
Dopo onnipresenti rivoli di sebo,
imbottito di farmaci,
come una maracuja,
dissidente forzato
della Costa Del Sol.
Ogni cicatrice del volto
Che passo, ad ogni bocchetta,
Segna il ricongiungimento
Stroboscopio
A questa stella
Che mi scalda dentro.

PRIME UVE

Tagliola che fuma
Ciliegie rosso ametista.
Stantuffata disidratazione
Amena
Nell'oculatezza piovana
Di pastura e cagnotti.
L'incedere dell'evoluzione
È la testa di Tiresia,
Mozzata e caramellata,
Che penzola dai passanti
Di pantaloni
Di velluto a coste.
Improvvise distorsioni...
...bzzzzcrcrcdzz...
sogni bibliofobici risciacquati
da esperti tassidermisti...
...bzzzzcrcrcdzz...
è il passato rivisitato
che ammicca basculando.
Ma nulla
È basculante
Finché non ti apro
Il culo come un ciclotrone.
Metratura di cingolato
Stritola le prime uve
In polpa frizzante
Nella bruma dell'autodittatura
Del trattamento sanitario obbligatorio.

STELLA DOPPIA N°51

Te lo mando per *correo electronico*
Quella campionatura di
Dimorfodonte che
Scagazza sulle uova
Di uccello padulo.
Non so se riesci ad afferrare...
Come inculcare i microfilm
Al guardiano di Axum, capisci?
Interfaccia seriale
Che vanifica le forme di
Alito di Jimmy Cotone
Che beve tè earl gray persiano
Nel bagliore di kevlar
Esplosioni lucide metallo pesante.
Però questo è ancorato
Nel vociferare di volenterosi
Atleti del velocifero.
Tragedia 1979 bionica
Tutto è una nebulosa interplanetaria,
calderone di biografie omeopatiche,
intendi?
la tua fotocamera digitale non
nasconde un latente imbarazzo
e poche cose da sviscerare
e... siamo di fronte ma
persi
ognuno che vive il
suo sorso di birra
in modo parallelamente diverso
come un emoscambio intonso
nel duodeno esaltato di lenticchie.
amici e *lejos* come
un sistema binario nell'ultimo
braccio della spirale.

ROLLA

Senza fine
Uno spicchio d'arancia
Cade
Nel profondo d'un cielo nero
Che sospira con il gelo
E così forte
Da confonder la sorte.

Non c'è fine
Agli scorci d'empatia
Che danno gioia
Ma poi ti svegli ad occhi fermi,
Essiccati dai tormenti;
Sogni e sguardi
Che ci sfumano via.

Hanno fine
Palliativi o
Rollare le canne
Sotto segni
Che non danno proprio tregua
E ci si
Abbandona
Per vedere la fine.

ANNI LUCE

Se questa è la
Tua laconica umiltà
Perché non vai a
Morire
Su un giaciglio
Di scaracchi
D'asbesto...
La longevità
Cadenza
Il suo valore intrinseco
Sempre più flebilmente.
Una carezza
Nell'infecondità
Della scienza unita.
Tutt'ora
Nemmeno la radioterapia
Può discingere
Questa tumescente inutile
Necessità di
Complicare l'ordito,
D'ostacolare la missione lunare
Per ritrovare ciò che è
Stato glissato,
D'imbrogliarsi.
La voglia di rinascere
E ancora quella
Lontana stella
Che coraggiosa
E testarda
Rischiara l'eclisse.

DUE PARSEC PIÙ IN LÁ

Mi hanno diagnosticato
Uno scollamento
Dalla realtà
Che rende mutabile
Lo sgroppino
Di logica irrazionalità.
Stasera la notte
Che muore
S'abbarbica
Su un ponfo
Che tracimerà
Ravioli d'alba.
Piano e cinereo
Mi lascio sorbire
Dalle contrade
Di piccole grandi città.
Intanto nei viticci
Di pianura
Falli imperiali
Appena sfiorano le ali spezziate.
Cablogramma d'odore dolce di pattume:
il contenuto sviscerato
mi ricorda che c'è gente
intorno che a volte
ha bisogno di sentirmi e
vedermi e annusarmi
anche quando ho in bocca
un ratto rognoso, puzzo di vomito
o sono il fratello di una tela di Munch.
Fortunatamente
Vado a dormire sodo
Pupazzo di stagno coi peli neri.
È che mi hanno diagnosticato
Uno scollamento…

MALACHIA HA LA RONCOLA

È un lurido settembre
D'abbracci un po' melensi,
Marmisti senza fede
Scolpiscono l'angoscia.

Scende una chimera
Con le ali della bruma
I giovani marmisti
Anelano alla gloria.

Nuova propensione
Dell'infestazione
Chi non è posseduto
Sarà un minchione.
Meglio che si segua
La retta via
Prima di venire
Sventrati da
Malachia.

Strozzato nella losanga
Il grido del montone
Ripiega nel sudore
L'odore di finzione.

L'eco di cristallo
Rimbalza nelle mura
Di questo cortiletto
Costretto dai palazzi.

Nuova soluzione
Dell'occlusione
Per chi ha la cirrosi
Epistolare.
Fai presto
A liberare la via
Prima che
Ti squarci
Malachia.

LA TERZA VIA

S'oltrepassa il tubo
D'asfalto laccato molibdeno.
Violenti generatori di
Zircone trascrivono
Glifi di produzione
Übermenschen.
Milioni di incubatrici rigeneranti
Ancora celate
Scintillano novità dietro
Le cortine
Di labirinti burocratici
Retrogradi.
Nel frattempo si va ai convegni
E si torna piantumati
In bocca a parlare
Col linguaggio dei fiori.
Ma solo per finta.
Siamo segnati dall'estinzione
E dall'evoluzione.
Cosa? tu non piace?
Allola poltale via...
Ola tu vuole qualcosa da altlo?
No?
Allola poltale via te...
Traveggole di campi d'accoglienza
Per demoni occidentali.
Però è davvero così l'imprinting generico.
Tutto ciò sarà obsoleto
Tra pochi mesi, tra poche evoluzioni.
Nuovi getti, nuovi colori
Nuovi sapori.
Cambia l'approccio, muta la forma
L'espressione, il lessico.
Siamo una razza inquieta:
La Terra non è piatta.
La Terra non è rotonda.

LO SCISMA FRA PAROLE E TEMPO

Ogni racconto è un
Foglio di carta che si
Strappa
Mentre le parole lacerate
Traslano avanti
E poi
S'adagiano
Come prigionieri
Gassati
Nel lato più umido
Della scalinata di pietra.
Un foraggio di carteggi
Angustiati
Da vessazioni *scannerizzate*
Dalla negligenza e dal
Menefreghismo.
Ogni racconto è una
Minestra di crescione
Trangugiata a cucchiaiate.
Ogni racconto è il gusto
Pisquano e papillon
Del capretto selvatico
Che si divincola bruscamente
Dalle papille gustative protuberanti,
sale per le trombe d'Eustachio
e scorrazza negli occhi
fissi e profondi,
abbarbicati nel panorama
suburbano che si frattura
oltre come la lingua
del gatto sull'unghia.
Passano lente le nubi a nord nordovest.

I RE MAGI
(Per Daniele e Alessandro)

La trama del
Capezzolo grigio
Delle Dolomiti
È lì che ci aspetta
Sinuosa, ripida, su una mensola
Con tanto di lacrime
Di canaloni friabili.
Il sempiterno vento insuffla
In Si bemolle l'insondabile
Vorace
Voglia di arrivare ad ogni costo
In cima, stremati;
di mettersi in competizione
con la natura,
giocarsi la sanità, perdere la santità.
Dimostrare di essere meritevole,
di combattere gli elementi lealmente,
di fare parte dell'ordine della madre Terra,
di guardare lo strapiombo e ringhiare " IO SONO QUI!".
Arpie di Goretex artigliano le spalle ;
sbatacchiano i denti e i ramponi
come pallottole in un vicolo anni '30
poco lontano dal Cotton Club.
Un baffo di vernice
Quasi disfatto dal revolver invernale
Ci srotola l'inizio del sentiero.
Qualche battuta mentre ci guardiamo
Vanagloriosi e concentrati.
Poi, silenti, il cammino.
Il fiato servirà per i prossimi mille
Milioni di passi.
Una prima goccia sulla tempia
Vetrifica
Il nostro dono di sudore.

UNA FESTA AL PARCO

Mi rinsavisco un attimo
Dal torpore che mi sgagna i neuroni.
Qualcuno mi urta da dietro
Facendomi barcollare obliquamente.
"Cazzi in culo a tua madre!"
Digrigno indispettito.
Ma è solo Jimmy Cotone
Che ha trovato una birra più fresca
Di quella che mi sto gorgogliando io.
Schianto
la vecchia bottiglia a terra.
Anche io mi sento schiantare
E mi adagio da sottiletta su una panchina.
Pretenziose odalische
Danzano a piedi ignudi
Nell'erba oberata di mutazioni,
mozziconi e tappi di bottiglia,
al ritmo di bongos e tamburelli.
È come se fossi
Già un'ombra
Ai raggi della Luna.
Finisco la mia birra
Ed evado da questa festa
In cui manchi solo tu.

OMELIA

Le tue barriere
Sono l'incubo
Che mi attanaglia
Nella notte che non c'è.

Abbatterle è una prova
Di verità
Che polverizza
Le ombre scure su di noi.

Quel che sogno
È la mia vita
Che fonde dentro te.

Perché questa omelia
Nasce per te.

La tua derisione
È la tortura
Che rende testardo
Il mio amore verso te.

Ogni aspetto nocivo
Si esalerà
Contro i baci
Che ribollono fra noi.

Il mio sogno
È di ballare
Avvinghiato a te.

Perché amare
È un diritto
Che non muore in me.

IN AUTUNNO A VOLTE

La soffocante impressione
A volte
Di passare la vita
Plasmati sul sedile
Di un mezzo pubblico
A vedere i volti
Di chi ti sta di fronte
Che cambiano
Come le diapositive
Di un'apatica serata
Fra amici
Che non hanno
Più nulla da dirsi.
Ecco
Il Languido Jimenez con la sua birra da 66cl;
gli occhi del levantino;
i musi sbafati di Nutella;
i topi col rossetto ai brillantini;
i colli spizzicati dalla cravatta;
quindicenni d'assalto
con le labbra da termosuflone.
Roba da arricciargli
Una capocciata in faccia.
A volte
Basta un bicchiere di vino
Ed il bacio di chi ti ama
Per far
Sublimare questa felpata
Visione
A volte
A volte....

BRONCIO

Nomi invernali
Zigzagano
In petali di neve
Famelica
Dissolvendosi in
Labbra affievolite
Nel simposio del broncio.
Cumulonembi di raganelle amazzoniche
Alimentano i rimorsi, *torcide* mentali,
L'odio per le proprie debolezze.
Sembrano così disarmanti…
A volte
Basta guardare di profilo
Per rinsaldare un sorriso
Che era solo scivolato.

EXTRAVERGINE

Capaci mani
Nell'orrenda matrice
A rostro cartaginese.
Rigidità dei garretti
Nel passo
Ovale
In canaloni friabili
Perpendicolari.
Scivola
Il tuo gradino
Scivola via.

Giravolte
Di strade sterrate
Sdrucciolano
Negli interstizi
Di caucciù.
Sbandata di cemento
In faccia.
Scivola
Il tuo destriero
Scivola via.

Slittamento di tegole
A Frabosa Sottana
Come saponetta
In sulfurei bagni turchi.
Patina di frantoio
Sulle ventose di
Un sincero abbraccio.
Scivola
La tua pelle
Scivola via.

1940

Adolf Hitler scruta
Abbacinato le
Bianche scogliere di Dover
Come epiteti laccati :
microrganismi
oncologici
uncinati
erodono la frontiera
sospesa.
Scompensi di potassio
Nei quadricipiti
Denudati
Della fanteria.
Bombardamenti emofiliaci
Ai margini
Dell'epilettico Tamigi.
Profughi allampanati
Specchiano
Nel kerosene sbruffato
Le loro vite
Bitorzolute come
Varicella epidemica.
Un ultimo sguardo al
Cielo affossato dai
Lampi di papaveri marci della contraerea
Poco prima
Del coprifuoco.

GIOCHI VELENOSI E SADICA ATTESA

Palla
Avvele-nata
Mia
Preda sei.
Devi
Aspet-tare
Il coraggio.

Cabala amica
Sei una ferita;
Linea sottile
Segni l'attesa;
Sguardo ingrugnito
Sarai mio amico.

Labbro
Dila-tato
Ecco il
Mio dito.
Devi
Ponde-rare
In silenzio.

Occhio confuso
Molla il passato;
Finto candore
Ormai disuso;
Baciami o sega
Legami, strega.

Bianca gota
Muori
Troia!
Lui è
Marcia
Pece!

Non sei sola
Qui con me!

Non c'è più attesa.
Giunta è la resa.
Chi c'era è stato,
Guarda il mio viso;
Senza imbarazzo
Fifa e tremori.
Pigra è l'estate:
Io son tuo e tu mia
Io son tuo e tu mia.

KEINE PROBLEME

Sai, l'amore è un attrito.
È come un gatto nero,
ci lascia qualche graffio.
Poi se bisticciamo un po'
E prova a dir di no,
che hai avuto mal di testa.
Sei tu che hai lasciato il pan di Spagna
All'aperto su quel chiostro,
con su le mosche morte.
E fingi un po'
Di piangere, dai!
Emozionami, sì
Che finiamo allacciati
Di baci
Pugni, schiaffi e carezze
E poi chi se ne fotte,
Lo facciamo pian piano
Io e te.
Eh beh,
L'effetto che mi fai
Anche se piango un tot
Non sono un cacasotto.
Sarà che abbiamo riso, noi
E nella notte infame
Ci siamo stropicciati.
Però, che vita questa qui
Sempre in fuga e mai
Fermarsi ed esser stanchi.
E tu
Coi tuoi denti da fata,
Una gattina accaldata
Torni a stringermi piano.
Noi due
E le lingue intrecciate
Accostiamo i bicchieri
E dopo stappiamo
Io e te
Che fra un morso
Ed un sospiro
Ci troviamo a pensare
Keine probleme.

IL CICLO DELLA POLVERE

E tu sarai cloro
Candore clinicamente utile
A chi ti sta attorno
Eppure asciutto,
Quasi asettico
Alle spigolature sentimentali.
Stoppa bocca in prosa
Quando non hai
Più voglia d'ascoltare
Né vedere.
Come Afrodite hai
Perso colore
Ed hai un vudù
Senza mordente.
Secchi,
I tuoi progetti sono
Lacchè che si aspergono
Il viso
Con acqua minerale.
Nessuna perturbazione
Nessuna arma di disprezzo
Nessuna gioia ipertrofica
E polvere
Polvere
Dalle tue gambe larghe
Radici
Aride
D'alberi morbosamente
Aggrappati alla Terra,
Nella tua pace,
Nell'attesa di essere
Polvere, di nuovo
Polvere che si amalgama e germoglia
In altra materia viva.

SOL LEVANTE

È inutile lamentarsi,
la pancia sta agli uomini
quanto la cellulite alle donne.
Bisogna accontentarsi a vicenda.
Ed il compito degli
Stuzzicadenti
È quello di sodomizzarci e
Romanzarci
Che al momento va bene
Ma che in fondo
Potrebbe andare meglio o peggio;
E per fortuna
O castigo
Noi in occidente
Abbiamo gli stuzzicadenti
Tua sifilide telefonica
Forfora, limonare duro,
grappa di riso cinese 63°
xiexie.
Orientale è
L'orizzonte,
Scintoista il giusto credo,
Mongolo il necessario
Errare,
Tailandese l'onnipresente
Carne,
Sashimi il crudo
Degli esseri umani.
Doh!

IL DIAVOLO NEL CASSETTO

Ho un diavolo nel cassetto
Che monopolizza i miei sogni;
Mi inebria con il piacere della spada
Dell'uccisione, della cruenta irrazionalità.
Mi resuscita tutti i giorni
Con il suo purulento crisma
In un nuovo Eden
O inferno.
Mi distilla coi vapori di vini scadenti
Solletica la mia creatività
Con crudele costanza.
Mi ammorba col
Mantello di carne
In un'eco
Di lussuria
Sburrando grana padano
Infecondo.
Ho un diavolo nel cassetto
Che mi *infleba* la musica
Nelle arterie
Sincopa il mio bioritmo
Stravolgendomi
Possedendomi
Schiavizzandomi.
Ho un diavolo nel cassetto
Lo puoi vedere
Dentro i miei occhi
?   ? ?
  ? ??   ?
? ? ?
?   ?

PIÙ MORSI

Poligame
Gocce di formaggio
Fuso fanno
Il diavolo a 4
Nel tostapane
Offuscando grinfie
La camera a gas
Dove siedo confetti
Rimirando stillicidio
Le tue pupille pallide
Da infante idrocefalo
Non interagire
Intentando di spiegarmi
Che prima di giudicare
Il presente sarebbe lecito
Conoscere il passato.
Non vorrei essere scortese
Se altre gomitate darti non so.
Dobbiamo, siamo vampiri
Pretoriani placcati oro;
Apriremo le ali termosensibili
Sbucando dalle frasche
Fumi di taleggio
Mordendoglimordendoglimordendoglimordendogli
Le cicatrici
Jus de pomme
Il succo dei disastri, il nettare
Dei successi
Tramandandolo fino al
Prossimo morso.

RIGETTI

La mano fluttua
Come un incantatore
Di bolle di sapone.
Tocca la pancia gonfia
Platealmente satura
Bianca
Morbidamente cedevole.
Sarebbe bello
Farsi una sfrondata
Epidermica
Sgusciarsela,
aprirsela col becco
di un fenicottero rosa
imbalsamato;
vedere i colori dentro
sciogliersi fra di loro
come un acquerello
di soda caustica,
sapere il sapore
dei vapori, degli odori,
del veleno sigillato
dai monopoli di stato;
e poi caracollare sul terrazzino
e gettare le trecce
di trippa
alla folla bagnata
che si nutre
delle brutture gaglioffe,
degli abiuri
che dal nostro corpo
rigettiamo.

UN MESSAGGIO PER...

Il lago ha espulso
Sulla riva ghiaiosa
Un messaggio in bottiglia.
Sono ideogrammi
Vergati coi capezzoli
Intrisi di vernice elettrica simbionte.
È un messaggio vaginale
Che evince una richiesta ludica.
È una pudica accusa,
è la lussuria che piscia sulle labbra,
sono i miraggi della ragazza di Ipanema,
è il testamento delle giumente,
è la tavola dei comandamenti della passione,
ed è un messaggio per...

QUATTRO CHIACCHIERE SU QUELLA COSA LÁ...

Vuoi toccarmi il cazzo
E questo francamente
Proprio non mi va,
Se cerchi di arginare
Certe tue ossessioni
Sull'infedeltà.

E poi mi tocco io
Per turlupinare
Chi non me la dà,
Ascolto quel che dici
E non porta benefici
Per la stabilità.

Non è niente
Di così urgente
Non è niente
Di eclatante.

Se t'ho fecondata
Non c'è da fare drammi
Nemmeno pubblicità,
Un *chador* vanigliato
Perché hai riesumato
Certe vanità.

Comunque puoi impazzire
Frugando fra le righe
La morbosità,
Ascolta quel che dico
Non sono definito
E questa è lealtà.

Non è niente
Di sconvolgente
Non è niente
Di deprimente.

LA LIBERTÁ NON È UNO SPAZIO APERTO, NÉ IL VOLO DI UN GABBIANO

Estrapolare
La sola colonna vertebrale
Di un uomo
E vederne il busto ripiegarsi
Come una fisarmonica.
La depilazione incontrollata
Della calotta cranica.
Appendere ciliegie
Alle orecchie della gente.
Leccare la berta
Nei vagoni della metropolitana.
Scrivere nel buio
Aforismi immortali.
Desquamarsi e trasmutarsi
In un batrace da camera.
Leggere i colori,
folgorarsi guardando un cielo azzurro.
Questa è fantasia
È libertà.
La libertà non è uno spazio aperto,
né il volo di un gabbiano,
tanto meno partecipazione.
Partecipare a tutto ciò che offre il mondo
È utopia,
perché sei comunque indirizzato,osservato,
etichettato, controllato, registrato, giudicato,
confrontato, educato, conformato.
Abusare della nostra fantasia
È la vera e forse unica libertà.
Nessuno, in questo mondo di merda,
potrà mai negarcene la potestà.

EAU POUR HOMME

L'uomo con il 5 euro facile
Passa le notti più afose
Ed opprimenti
Nei budelli della città
Alla ricerca di certe bagasce...
Quando ne trova una compiacente
Immerge la banconota
Nello spacco del culo
Per poi portarsela al naso
E carpirne la fragranza.
Poscia,
Ammorba il sellino del suo
Scalognato ciclomotore
E riprende la caccia.

ICONE DI UNA VITA

La mia vita è
Un inceneritore di terza classe
Che brucia
Sentimenti
Stoccati nel profondo
Ed inquina
La stratosfera
Con paranoie destabilizzate.
La mia vita
È un'insegna al neon
In balia della salsedine
E che sorride
Anche quando non deve.
La mia vita
È un bicilindrico a V
Con la centralina difettosa
Che a volte
Gira
A mezzo regime.
La mia vita
È un mini dinosauro
Che galleggia
Nella birra
E questo
Non c'entra proprio un cazzo...

APPETITO

Il passaggio di soldi
Col suo soave
Frusciare
Da mano
A mano
Da mano
A mano
Da mano
A mano
Da mano
A mano
È come un rito
Pagano
È come l'amore di chi dà
E di chi prende,
è come chi perde
e chi vince,
è come pagare il benzinaio
con le sue mani ruvide e grasse,
è come un bacio
di paraffina,
è come un equo scambio
di batteri oncologici.
A me basterebbe
Avere in mano
Polpa di granchio
Con un filo di olio extravergine,
una spruzzata di pepe
o zenzero e aglio
perché ho una
fame troia.

IL MIO BALCONE

Il mio balcone
È un rottamaio
Dove nemmeno gli insetti
Vengono più a banchettare.
C'è un bidone semivuoto
Di tempera bianca;
pennelli, rulli ed il necessaire
per l'imbiancatura
che sbrodola colore
nelle nottate più umide;
sedie rotte
scarpe puzzolenti
stracci
mobili lebbrosi
giornali ammuffiti
pattume geriatrico.
È così sporco
Ed incrostato
Che il lerciume
Fa parte di esso
Come se l'avessero
Impiantato sin dall'inizio,
e non se ne va nemmeno
se provi a pulire
per mille quintali di anni.
Ha la ringhiera piuttosto bassa.
Troppo.
Me la faccio sotto
Quando mi
Sporgo
Perché non mi sento
Tutelato.
Ho le vertigini,
Lo sguardo vacuo.
Ora
In maglietta e
Brache cortissime
Del pigiama
Sono lì
Uncinato dal freddo

Di dicembre.
È notte
E penso che c'è
Qualcuna che
È bella
Ma non riesce
Proprio
A ballare
Con me
E per me.
Mi sporgo
Ancora
Un po' di
Più
Da
Il
Mio
Balcone.

FRAPPÉ DI RNA

Joe Lavorgna
Non mi cassare.
La tua insolenza
Passa il limite.
È un nocciolo di nespola che si
Deturpa
Nel bidone di decantazione
Dello sterco di gallina.
Fammi defluire
Nell'oblio dell'ozio,
come uno sparo
di eroina
nel braccio sinistro.
Lasciami sfavillare i neuroni.
Mentre defecavo
Sulla tua fronte
Speravo che non fosse cava.
Mentre vomitavo
Sulla tua fronte
Pregavo che non fosse glabra
E che la tua mente
Non fosse schiava
Di questa città
Che ci frulla l'RNA.

LA SIESTA DI FIRENZE

Acqua piovana
Nebulizzata
Mistifica
In fumo di china
L'ingresso dei viottoli
Acciottolati
Delle calli medioevali.
Dalle feritoie
Delle finestre blindate
Il brusio monotono
Della diretta internazionale
Del matrimonio anoressico
Della principessa di Svezia.
Il bluff del ministro degli esteri
Sancisce la debacle
Degli indici d'ascolto (share = 1,68%)
Tediate, due giovani
Ragazzette
Dal culo tragico
Si tengono per mano
Passeggiando fluidamente
Verso
Piazza della Signoria.

TROTTOLA

Lo stupro dei capelli
Fra i rovi di pungitopo
È l'irritazione, l'infiammazione
La profilassi batterica
Della libido
Dell'ardore
Dello slancio
Della lancia di Longino
Che istericamente
Trafigge il fegato
Trasudante mirra
Che ricade,
Travasa, tracima
Nelle contrade
Del borgo antico.
Bilocazione
Traspirazione
Mesmerizzazione
Nefrite
Sciatalgia
Sciamanesimo
Negromanzia
Dame una vuelta
Y otra vuelta mas
Y una vuelta otra vez
Lo bastante
Per sopravvivere
Anche questo giorno.

IL CUCCIOLO E IL CORALLO

Celenterati si agglomerano
Per epitassia
Dando vita
Ad una monocromatica
Gorgonia
Che si estende
Nel mare
Dei disperati
Come
A cercare
Un abbraccio promiscuo
Che imprima un
Sodalizio d'amore
O di conforto e consolazione.
Come un cucciolo
Mi sento defluire
Verso quella calda comunione
A inseguire la risposta.

NAUFRAGIO NEL NAVIGLIO

Apro la fica
Come un nocciolo
Di pesca
Ed assaporo l'assenzio
Che mi ucciderà
Mi ucciderà.
Questo è forse
L'ultimo travaso di follia
Oppure
(quasi certamente)
Sono dentro qualcosa
Che non posso governare,
capitano di un
vascello senza timone.
Una pedina sullo
Scacchiere di Minerva.
Una trave intrisa di passione,
una fusciacca
risucchiata nel *maelström*
della darsena
ribollente difterite.
In balia
In balia
Del canto di una sirena
Che ancora
Sfugge
Al mio
Tenero
Abbraccio.

IL SEME DELLA PERVERSIONE

La pianta di fagioli
Cresce sul fusto arcuato
Di una nerchia nodosa
Ed i suoi baccelli
Sono come
Cattedrali riottose
Di molecole polifunzionali
Che ostinatamente
Germogliano
Nei vantaggi
Della polluzione notturna
O nelle mascoline
Morbosità
Alla
Cazzi in culo a garganella
(il sonoro è disponibile in CD-Rom al prezzo di € 5.99)
Segoni a doppia mandata
Escoriazioni delle nocche
Delle mani coinvolte
Il seme della perversione
Sbruffa
Nei fetenti rigagnoli
Della città di Calcutta
(Madre Teresa prega per noi)
Fino a contaminare
Le future reincarnazioni.

ERETICO

In un pogrom d'argilla
E blastocisti industrializzate
Jimmy Cotone fluisce
Fischiettando una raccolta
Di canzoncine licenziose.
Il suo occhio da mignotta
Si sofferma a spiare
I giovani prevosti della sinagoga
Che indugiano, con ampi gesti,
A sproloquiare della
Futura monta delle giovenche.
Jimmy Cotone unisce le mai
A coppa
Davanti alla bocca
E virgulto strilla
ZIO PRETE!

IL SECRETO DEGLI GNOMI

Se ne stanno appesi
Agli abeti o le betulle
Come grappoli
Di datteri policromatici
Abbienti, lussuriosi, festosi
Baccanali, orgiastici, fauneschi.
Gli gnomi delle montagne
Se lo buttano in culo
Coi tubetti di dentifricio ai microgranuli.
L'attrito è il loro companatico
Per passate di sbroda
E sanguinaccio con cipolle.
Avanti! Ora corri, vai
Ai piedi dell'arcobaleno,
Troverai il loro tesoro di KY-Jelly.

DEUS EX MACHINA

Confondo la realtà
Con la realtà,
il presente con
il passato prossimo,
il passato remoto
con il futuro.
Confondo il nulla
Con i sogni
Che ho perso nel limbo.
Confondo quello che
Mi si dice con quello che io penso,
quello che io affermo
con quello che asseriscono gli altri.
Confondo le voci delle persone
Con i loro volti
Con la mia voce
Con il mio volto.
Confondo i sentimenti altrui
Coi miei.
Confondo l'amore con l'amicizia,
la passione con la lussuria,
l'euforia con l'ira,
confondo il mio Io
con il processore staminale di una macchina:
mi resetto tutti i giorni
alle 06:25 circa,
e tutto
si sistema.

PICCOLI FORUNCOLI DI SONNO

Manovre termiche nell'ipofisi
Precludono l'esaltazione
Del cenozoico
Nel peduncolo duodenale.
Protuberanti anticipazioni
Sbocciano dal citofono
Di celluloide.
Luce soffiata da un candelabro a sette braccia:
riadattato da un borioso
drammaturgo ecco a teatro
Sette Spose per Sette Fratelli;
alla TV, in seconda serata,
c'è *Seven;*
al night club la danza dei sette veli;
per i famelici cinefili
seguirà a notte fonda
Il Settimo Sigillo;
slabbrata sullo stendino
zufola una maglia *merengues*
col numero 7;
nell'archivio data base
una e-mail proveniente
da zenzero7;
alla radio impazza l'ultimo
successo punk crossover
muori7volte.
Tutti questi appigli
Di particolari
Sono come un
Circo senza animali:
non ammaliano più nessuno
fuorché i sognatori.
Si sgancia un ultimo
Colpo di tosse spettrale
Nel silenzio dell'insonnia
Delirante.

QUESTO NON È UN PAESAGGIO ALIENO

Ci sono nugoli d'insetti
Che si librano in pinnacoli
Sopra le cime di giovani abeti.
Ci sono nugoli d'insetti
Che si librano entropicamente
Sotto le luci artificiali.
C'è un sole che s'immerge
In un orizzonte
Chimicamente ocra.
Li sento arrivare già da 400 metri
Di distanza.
Il loro veicolo, icona di status symbol,
Vibra fin dentro il motore
Sotto la spinta di tremila watt
Di una musica iterativa ed assordante.
I due giovani
Stesso taglio di capelli
Stessa maglietta
Stesso sguardo
Sono amici, ma non si parlano.
E si parleranno ben poco.
Mi chiedo se il futuro che
Si srotola sarà davvero
Sfregiato dall'incomunicabilità,
Dove le incomprensioni
Si risolveranno
Sul serio con la violenza di un sms o di una *chat*
E mai con le parole;
Dove uccidere una persona darà lo stesso
Brivido che da sopprimere un insetto.
Il veicolo mi si affianca e riparte
Stridendo, lasciandosi dietro
Il roboante silenzio
Di un destino tragicamente scolpito.

DIALOGHI

I nostri dialoghi sono
Continue digressioni
Che si rincorrono
Come cani sciolti.
Proprio sbavando, lappando,
sgusciando frasi come
varani di Komodo,
eppure intimamente spronati
a dare un ordine
a noi stessi,
al nostro piccolo sistema solare,
nell'entropia di parole
che sornioni
e sinceri ci passiamo.

FRAMMENTI DI POESIA

Possiamo ben sperare:
il nostro messaggio
che sia
un frammento, un quanto
di luce
(lux)
(dux)
(lex)
Che trafigge
Lo scuro, l'ombra
Gli abissi
Fra noi, fra voi.
Illumini
Rimbalzi
Si accucci
Accenda il turbodiesel
Ritorni a tangere (Tangeri risorge)
Le tenebre
Gli occhi, i 21 grammi
Stirati sul vetro
Che si divide in prisma,
lo scisma
senziente.
Immagina di essere
(Tu sei)
Un quanto di luce,
Un frammento di poesia.
Il resto passa via veloce,
Il resto, pensa,
passa.
Passa.
L'amore passa
L'arte è per sempre.

www.ingramcontent.com/pod-product-compliance
Lightning Source LLC
Chambersburg PA
CBHW060723030426
42337CB00017B/2990